PAIDEIA
ÉDUCATION

PIERRE CORNEILLE

Attila

Analyse littéraire

© Paideia éducation.

22 rue Gabrielle Josserand - 93500 Pantin.

ISBN 978-2-75930-376-2

Dépôt légal : Septembre 2023

Impression Books on Demand GmbH

In de Tarpen 42

22848 Norderstedt, Allemagne

SOMMAIRE

• Biographie de Pierre Corneille.................................... 9

• Présentation de *Attila*... 15

• Résumé de la pièce.. 19

• Les raisons du succès... 33

• Les thèmes principaux... 37

• Étude du mouvement littéraire................................. 47

• Dans la même collection.. 53

BIOGRAPHIE DE
PIERRE CORNEILLE

Pierre Corneille, appelé aussi « le Grand Corneille », vient au monde le 6 juin 1606 à Rouen, au sein d'une noble famille de magistrats.

Fils aîné de Pierre et Marthe Corneille, il entreprend de brillantes études secondaires chez les jésuites au Collège de Bourbon (à présent baptisé lycée Corneille), où il étudie la rhétorique latine et se passionne pour les héros antiques. De plus, il y découvre le théâtre, pratique encouragée par ses professeurs à des fins pédagogiques. Leur but ? Former leurs élèves aux belles manières tout en les moralisant par la poésie.

Pierre Corneille entame ensuite, non par vocation, mais pour ne pas déplaire à son père, des études de droit, et rejoint alors le barreau à l'âge de vingt-deux ans. Néanmoins, il souffre d'une timidité maladive et le métier d'avocat ne le satisfait nullement : en effet, il ne parvient pas à plaider avec aisance. Peu à peu, il se détourne donc de cette voie initiale, bien qu'il supporte sa charge d'avocat pendant plus de vingt ans.

En 1629, un amour malheureux le conduit à composer ses premiers vers, puis à écrire sa première pièce : une comédie intitulée *Mélite*. Il la confie aux acteurs qui fonderont par la suite le Théâtre du Marais et rencontre à Paris un certain succès. Pierre Corneille décide alors de se lancer sérieusement dans la carrière dramatique.

S'ensuit la création de plusieurs comédies de mœurs, comme *La Place royale* et *L'Illusion comique*, qui rompent avec les farces grossières et bouffonnes largement représentées à l'époque. C'est ainsi qu'il invente un nouveau style de théâtre, lequel dépeint avec vraisemblance la vie quotidienne des jeunes gens de la bonne société ainsi que les obstacles rencontrés quant à la réussite de leurs intrigues amoureuses.

En 1635, le cardinal de Richelieu, sensible au talent de

l'artiste, prend Pierre Corneille sous son aile. Il lui offre une pension de 1 500 livres afin de rejoindre la société des auteurs officiels. Leur mission ? Réaliser des pièces inspirées par leur mécène, qui élabore en amont les canevas à respecter. Mais le dramaturge modifie, sans l'accord de Richelieu, le troisième acte de *La Comédie des Tuileries*, jouée devant le roi et la cour. Le cardinal voit rouge, ce qui conduit Pierre Corneille à rompre avec son statut de poète du régime.

La même année, sans pour autant tourner le dos à la comédie, il écrit sa première tragédie : *Médée*, laquelle est accueillie plutôt froidement par le public.

Cependant, Pierre Corneille persiste et connaît enfin, en 1637, son plus grand succès grâce à la célèbre tragi-comédie : *Le Cid*. Le public est pour le moins conquis mais une polémique, plus connue sous le nom de « querelle du *Cid* », enfle néanmoins. On reproche en effet à notre auteur de s'éloigner de l'idéal théâtral classique prôné par les Anciens (règles de la vraisemblance et de la bienséance, règle des trois unités, règle préconisant la séparation distincte des tons et des genres). Avide de liberté, Pierre Corneille ne semble toutefois pas affecté par cette querelle littéraire.

Dans les années 1640, il écrit ses plus grandes tragédies : *Horace*, *Cinna*, *Polyeucte* et *Rodogune*, dans lesquels il donne vie à des personnages d'une grandeur d'âme inouïe, qui sont confrontés à leur passion ou à des choix insolubles (dilemmes cornéliens). Pierre Corneille se montre tout de même plus soucieux des règles du théâtre classique, avec cependant de notables exceptions. Son but ? Prouver qu'il est capable de traiter avec brio les sujets les plus fameux de la Rome antique, à une période où la tragi-comédie a perdu de son pouvoir attractif. En 1648, alors qu'il est un dramaturge en vogue adulé par les spectateurs et reconnu par ses pairs, il est élu à l'Académie française.

Le vent tourne assez rapidement, puisqu'au début des années 1650, Pierre Corneille commence à flirter dangereusement avec l'échec. Sa comédie *Nicomède*, même si elle remporte les suffrages du public, lui vaut quelques déboires politiques. Elle apparaît en effet comme un éloge à peine voilé de Louis II de Condé, qui est à la tête de la Fronde des Princes, et a pour ennemi juré le cardinal Mazarin. S'ajoute à cela l'insuccès de *Pertharite*, qui ne séduit guère les spectateurs. Notre dramaturge, déçu, se détourne alors du théâtre pendant plusieurs années, jusqu'à la création d'Œdipe en 1659.

En 1660, il publie *Trois discours sur le poème dramatique* tandis que commence la parution de son Œuvre en recueils ; chaque volume étant accompagné d'un « examen » des différentes pièces.

En 1664, le jeune Jean Racine fait son entrée dans le milieu théâtral et parvient à gagner les faveurs du public parisien. C'est ainsi qu'en 1670 les deux auteurs se retrouvent en concurrence directe, proposant simultanément une pièce qui met en scène la fameuse Bérénice. Malheureusement pour Pierre Corneille, la *Bérénice* de Racine triomphe alors que son *Tite et Bérénice* ne rencontre qu'un succès mitigé.

Dès lors, le temps de la gloire n'est plus. Ses deux dernières créations passent d'ailleurs quasiment inaperçues. C'est pourquoi il décide d'abandonner définitivement la dramaturgie en 1674. Pierre Corneille s'éteint finalement à Paris le 1er octobre 1684, dans la pauvreté et l'indifférence.

PRÉSENTATION
DE ATTILA

Attila, roi des Huns, est une tragédie de Pierre Corneille créée en mars 1667 sur la scène du Palais Royal par la troupe de Molière, avec lequel notre auteur collabore depuis son installation à Paris en 1662. À l'époque, il faut qu'une pièce dépasse vingt représentations consécutives pour être considérée comme un succès. *Attila, roi des Huns* en totalise vingt-sept. On peut donc parler d'une réussite plus qu'honorable, bien qu'il faille très vite jouer dans la même soirée *Le Médecin malgré lui* afin d'engendrer une meilleure recette. Ce n'est au final qu'en novembre de la même année que le triomphe d'*Andromaque* de Racine fait véritablement ombre à la nouvelle tragédie de Corneille, qui sera néanmoins reprise en 1670, puis dans les décennies suivantes, avant de sombrer dans l'indifférence et l'oubli.

Et pourtant... *Attila, roi des Huns* est une œuvre remarquable. La progression dramatique, qui s'organise comme un crescendo dans l'horreur, et l'intrigue, mêlant suspense et rebondissements, en sont les preuves criantes.

De plus, après *Rodogune* et *Héraclius*, Corneille poursuit dans cette pièce son analyse du pouvoir tyrannique; analyse qui lui tient particulièrement à cœur. De ce fait, le caractère de son héros, Attila, sa double-face, tour à tour diabolique et tendre, font de lui un personnage cornélien pour le moins fascinant. C'est qu'il y a en son âme, entre le stratège insatiable, avide de conquêtes politiques, et le prétendant insatisfait, une intime déchirure qu'il ne réussit pas à accepter, et qui frôle, n'ayons pas peur des mots, la schizophrénie. Terreur des humains, fléau de Dieu, l'Attila de Corneille, hanté par la soif de sang, ressemble donc trait pour trait, grâce à l'immense talent de notre auteur, au monstre tel que le conçoit l'imaginaire collectif.

Ainsi, *Attila, roi des Huns* est, comme nous allons le voir à présent, une tragédie matrimoniale et politique, à la tonalité sauvage, qui mérite que l'on s'y penche avec sérieux.

RÉSUMÉ DE
LA PIÈCE

AU LECTEUR

Tout d'abord, Corneille revient sur le fait que le nom d'Attila résonne aux oreilles de ses contemporains sans pour autant que ces derniers ne connaissent avec précision le caractère de ce personnage historique. En son temps, tout homme cultivé savait en effet quelque chose de lui, par l'historien Mézeray ou le père Caussin, lequel lui faisait grande place dans son célèbre ouvrage : *La Cour sainte*. Par conséquent, notre auteur rappelle à son lecteur que la singularité d'Attila reposait sur le fait qu'il préférait recourir aux ruses plutôt qu'aux armes, à son intelligence maléfique plutôt qu'à sa puissance militaire. Ainsi, par la force de son esprit, il parvint à répandre la terreur, d'où son célèbre surnom de Fléau de Dieu. En outre, nous dit Corneille, cet homme était superstitieux, méprisant le polythéisme mais très à l'écoute des devins. Quant aux libertés que notre auteur prend par rapport à la réalité historique, elles sont peu nombreuses et toujours justifiées « dramaturgiquement » parlant. Par exemple, Corneille fait mourir son héros d'une hémorragie externe, comme le soutiennent les récits anciens, mais il en change la cause : c'est un excès de colère qui lui fait perdre la vie, non un excès d'intempérance. Enfin, notre auteur défend le genre « comédie » contre les critiques qui lui reprochent de manquer de moralité. Selon lui, c'est un divertissement « honnête » et « utile » qui permet au public, en traitant notamment de l'amour malheureux, de purger ses passions les plus viles tout en provoquant sa pitié.

ACTE I

Scène 1

Attila attend de pied ferme Ardaric, roi des Gépides, et Valamir, roi des Ostrogoths, lesquels sont désormais ses prisonniers. Il explique à Octar, son capitaine des gardes, le plan qu'il a élaboré afin de diviser les nations et les vaincre :
1/ devenir l'allié de l'empire romain, qui va vers sa ruine, ou de l'empire des Francs, déjà presque affermi.
2/ demander à la fois la main d'Honorie, sœur de l'empereur Valentinian, et celle d'Ildione, sœur du roi de France Méroüée.
3/ Chercher conseil auprès d'Ardaric et de Valamir uniquement pour leur faire porter la responsabilité du choix final.
Attila montre donc ici qu'il est un animal politique redoutable, qui n'accorde aucun intérêt à l'amour et aux rapports humains. Sa stratégie, diviser pour mieux régner, semble parfaite puisque Méroüée et Valentinian ont déjà envoyé leur sœur dans son camp militaire : l'une sera donc sa femme, l'autre son otage. Attila, dit autrement, gagnera quoi qu'il advienne un allié précieux tout en rendant ses ennemis parfaitement inoffensifs car désunis.

Scène 2

Attila demande à Ardaric et Valamir de l'aider à choisir laquelle des deux femmes il doit épouser, sachant qu'il va du même coup offenser l'un des monarques. Lequel, d'après eux, est donc le plus à craindre ? Méroüée ou Valentinian ? Ardaric ne répond pas à la question. Il conseille à Attila de suivre son cœur mais ce dernier n'a qu'une idée en tête : consolider sa grandeur. Quant à Valamir, il estime qu'il est plus judicieux d'épouser Ildione, car la France, comme l'ont dit les devins, est une puissance nouvelle qui va s'élever jusqu'au sommet, contrairement à Rome, en plein déclin. C'est alors qu'Ardaric rappelle que la France n'est pas encore la nation la plus forte et, qu'à l'heure actuelle, c'est Rome qui a la plus de poids. Valamir souligne cependant que Valentinian n'a pas la carrure d'un grand roi tandis que Méroüée est pour le moins magnanime. Raison de plus, rétorque Ardaric. Si l'empereur de Rome est incompétent, il sera plus facile de lui soustraire son empire. Finalement, Attila est fâché de voir que ses deux prisonniers sont incapables de se mettre d'accord, et leur ordonne de s'accorder sous peine de se mettre dans une colère noire.

Scène 3

Valamir et Ardaric s'expliquent. Le premier croit à un présage selon lequel son futur fils commandera Rome. Il se doit donc d'épouser Honorie. Le second est, quant à lui, sincèrement amoureux d'Ildione. Voilà pourquoi ils ont chacun tenu un discours différent. Personne n'est prêt à se désister en faveur du roi des Huns. Finalement, ils décident de s'en remettre au sort.

ACTE II

Scène 1

Flavie, maîtresse d'Octar et dame d'honneur d'Honorie, apprend à cette dernière que Valamir et Ardaric sont, dans les faits, parfaitement soumis à Attila qui ne les traite nullement en égal, contrairement à son frère aîné Vléda, qui a été assassiné par le roi des Huns lui-même afin de ne plus avoir un seul concurrent autour de lui. Depuis ce fratricide, Attila souffre de saignements plus ou moins abondants selon le degré de colère qui l'assaille. Honorie est contrariée d'apprendre qu'il oscille entre elle et Ildione. Son orgueil est mis à mal et Valamir, au regard de sa position actuelle, ne pourra la venger. Que doit-elle faire ? Epouser celui qu'elle aime tout en sachant qu'il est l'esclave d'Attila ? Et si Attila finit par la choisir, son honneur est sauvé mais son malheur, dans le même temps, assuré. C'est alors que Valamir entre.

Scène 2

Honorie demande à Valamir s'il est en mesure de la tirer des mains d'Attila et de lui faire payer ses hésitations. Inutile d'en arriver à de telles extrémités, lui explique Valamir, elle n'a qu'à se montrer distante et froide vis-à-vis du roi des Huns et alors ils pourront s'unir sans que celui-ci n'y trouve rien à redire. Mais la gloire est plus importante que l'amour aux yeux d'Honorie, et elle ne prendra donc jamais pour mari un roi qui ne soit pas indépendant et prêt à tuer pour sauver son honneur.

Scène 3

Flavie rassure Valamir : Honorie, malgré tout, est bel et bien amoureuse de lui. Pour calmer sa colère et raffermir son orgueil blessé, elle lui conseille alors de trouver un moyen pour renvoyer Ildione dans ses terres françaises. Une fois la concurrente chassée, Flavie en est certaine, Honorie n'écoutera plus que son cœur, et tournera ainsi le dos à Attila au profit du roi des Ostrogoths.

Scène 4

Ardaric demande à Valamir comment s'est déroulée la rencontre avec sa bien-aimée. Ce dernier sait qu'elle le préfère à Attila et cependant il n'est pas sûr de leur avenir commun. C'est à présent au tour d'Ardaric d'aller consulter sa belle pour y voir un peu plus clair.

Scène 5

Ardaric demande à Octar s'il lui est possible de s'entretenir avec Ildione. Malheureusement elle est absente. Le roi des Gépides en profite pour l'interroger sur Méroüée, dont Octave était autrefois le prisonnier : est-il aussi admirable que l'univers le dit ? Le roi de France est sans conteste le plus remarquable des empereurs.

Scène 6

Ildione déclare à Ardaric que, malgré ses sentiments pour lui, si Attila la choisit, elle obtempérera sans mot dire. Elle refuse en effet de rompre une alliance qui conduirait à la guerre. Elle espère donc que le roi des Huns prendra pour femme Honorie. Ardaric, déçu par cette réponse un peu « molle », est quant à lui persuadé qu'Attila la préférera à la sœur de l'empereur romain. C'est alors qu'Ildione lui explique qu'en devenant la femme d'Attila, qu'elle déteste au plus haut point, elle pourra facilement l'éliminer, et par là même venger le monde entier.

ACTE III

Scène 1

Attila est prudent. Il a demandé à Octar de redoubler sa garde afin d'éviter qu'Ardaric et Valamir ne tentent de l'éliminer. De plus, le roi des Huns vient d'apprendre que l'illustre Aétius s'est fait égorger par un homme de Valentinian, lequel redoutait qu'il lui vole son diadème. C'est Attila qui s'est chargé d'inspirer cette frayeur dans le cœur de Valentinian, détesté par son peuple qui condamne ce crime. Ainsi, le roi des Huns, s'il épouse Honorie, pourrait facilement devenir le maître des romains. Cependant, la ravissante Ildione attire Attila plus que de raison. De ce fait, le roi des Huns est déchiré entre Honorie et Ildione, entre les droits de l'empire et les droits de la beauté. Si la sœur du roi de France pouvait le haïr, choisir serait alors moins complexe.

Scène 2

Attila avoue à Ildione qu'elle le charme à un point tel qu'il cherche à s'en défendre. En effet, à sa vue, son caractère s'adoucit. Il ne se sent alors plus le maître de l'univers, cruel et barbare. Il voudrait qu'elle se montre dédaigneuse afin d'être moins désirable à ses yeux. Mais Ildione refuse de participer à ce jeu. Elle lui rappelle que son désir premier est d'obéir, et par là même d'être choisie par le roi des Huns, malgré la crainte qu'elle ressent à son égard.

Scène 3

Ildione annonce à Honorie qu'elle sera, grâce à elle, la future femme d'Attila. Bien que ce dernier la préfère, Ildione refuse de se montrer méprisante, seule condition nécessaire pour qu'il l'épouse.

Scène 4

Honorie est vexée. Son orgueil refuse un tel accord. Attila tente de la convaincre, lui promettant une gloire extraordinaire. Il lui rappelle également que Valamir n'est pas un si grand roi puisqu'il lui est soumis. Mais Honorie, en l'épousant, peut lui redonner de la grandeur. D'autant que la mort du tyran Aétius va enfin permettre aux vertueux héros de Rome, au service de la princesse, de se faire connaître. Le roi des Huns regrette qu'Honorie fasse grand cas de l'amour au détriment du pouvoir, et la menace de terribles représailles si sa position actuelle ne change pas.

ACTE IV

Scène 1

Honorie demande à Octar de l'aider à prendre Valamir pour époux. S'il y parvient, il pourra se marier avec Flavie. Malheureusement, il est impossible de traiter avec le borné Attila, lequel souhaite ardemment conquérir l'Empire romain, sans recourir aux batailles mais grâce à son seul nom.

Scène 2

Honorie, jalouse du sort d'Ildione, décide de se venger. Elle va donc informer Attila de la passion qui l'unit secrètement à Ardaric. De ce fait, Ildione se verra elle aussi privée de son âme sœur, et son bonheur s'atténuera alors grandement.

Scène 3

Attila demande à Honorie si elle accepte enfin de l'épouser et, par là même, de faire son devoir. La princesse de Rome acceptera une fois qu'ils se seront vengés ensemble de l'arrogance d'Ildione, amoureuse d'Ardaric. Le roi des Huns promet alors de la punir. De plus, il demande à Honorie de choisir entre Octar ou lui. Cette dernière se défend de cette provocation en lui rappelant qu'elle pourrait, là encore, en faire un grand roi si elle décidait de devenir sa femme.

Scène 4

Attila demande faussement conseil à Ardaric. Maintenant qu'il a choisi Honorie, doit-il offrir la main d'Ildione à Sigismond, fils du roi des Bourguignons ? Ou peut-être au prince des Wisigoths ? Ardaric estime qu'Attila ne doit pas « donner » la princesse de France à ses ennemis. Le risque est en effet d'augmenter leur pouvoir et d'en faire alors de redoutables adversaires. Ardaric accepterait-il de se marier avec Ildione ? Et comment ! C'est alors que le piège se referme. Attila accepte cet hyménée si Ardaric assassine Valamir, lequel devient dangereux puisqu'il est privé de la femme qu'il aime, Honorie. En cas de refus, le roi des Huns se mariera avec Ildione et demandera à Valamir de tuer Ardaric.

Scène 5

Attila apprend à Ildione qu'elle va épouser Ardaric aujourd'hui même.

Scène 6

Ardaric informe Ildione du meurtre qu'il est censé commettre. Néanmoins, préférant la gloire au déshonneur, il refuse de tuer Valamir et choisit donc de périr. La princesse de France lui demande alors de consulter Valamir afin de voir s'il est possible de contrecarrer ce plan cruel.

Scène 7

Ildione décide péniblement de séduire à nouveau Attila pour éviter la mort des deux jeunes rois.

ACTE V

Scène 1

Ardaric rend les devins consultés par Valamir, qui lui assurent que son fils commandera Rome, responsables de leur perte. Flattant l'orgueil de ce dernier, ils ont en effet réussi à faire naître en son cœur un amour strictement politique, le mettant ainsi en rivalité avec Ardaric, qui est, pour sa part, réellement amoureux d'Ildione. Mais Valamir, qui vient à nouveau de s'entretenir avec les devins, reste certain que la prophétie s'accomplira malgré les nouvelles règles du jeu établies par Attila.

Scène 2

Honorie, prévenue par Octar, annonce aux deux jeunes rois qu'Attila tente de les piéger : celui qui commettra le meurtre sera, en réalité, immédiatement livré aux troupes de la victime afin d'être à son tour éliminé.

Scène 3

Attila, railleur, veut connaître la décision prise par les deux rois. Ils lui annoncent alors leur refus de se soumettre à son inhumaine volonté. Le roi des Huns, qui se croit le ministre de Dieu, les fera donc exécuter. Honorie l'avertit : la roue du destin risque de tourner à son désavantage, et ses saignements sont le signe de sa mort prochaine.

Scène 4

Ildione, en pleine séance de séduction, demande à Attila de la prendre pour femme, et de se venger d'Ardaric et de Valamir après leurs noces seulement. Honorie, quant à elle, qui en profite pour souligner l'aveuglant pouvoir de l'amour véritable, sera contrainte d'épouser Octar.

Scène 5

Octar n'est pas en mesure de tuer Attila car il ne fait plus partie de sa garde rapprochée. S'il s'approche de lui, il court donc à une mort certaine. Honorie le traite de lâche incapable de donner sa vie pour une juste cause.

Scène 6

Valamir annonce à Octar et Honorie qu'Attila vient de mourir à la suite d'abondants saignements, aggravés par un énième excès de fureur.

Scène dernière

Tout se termine à merveille. Ardaric va pouvoir épouser

Ildione et Valamir prendre la main d'Honorie. Le peuple fête la mort du tyran et souhaite être commandé par les deux jeunes rois.

LES RAISONS
DU SUCCÈS

Comme nous l'avons vu précédemment, *Attila, roi des Huns* de Corneille rencontra lors de sa création un succès honorable. Fini le temps des triomphes absolus, notre auteur, en 1667, est quelque peu délaissé par les spectateurs, qui lui préfèrent le jeune Racine et sa célèbre *Andromaque*.

Les critiques, quant à elles, sont plutôt tièdes. Ainsi, le dramaturge Edme Boursault, pourtant disciple préféré de Corneille, écrit : « M. de Corneille, qui ne fait jamais rien que d'admirable, s'est surpassé lui-même dans le troisième acte de cette pièce-là et je puis dire qu'il y a tant mis de beauté que les quatre autres ne paraissent rien ; ce n'est pas que [les quatre autres] soient méchantes […] Enfin c'est un ouvrage à voir. »

On a connu éloges plus passionnés… D'autant que ces quelques mots laissent clairement entendre qu'*Attila* se compose de parties plus ou moins réussies, et par là même manque, dans l'ensemble, de « solidité », de « cohérence ».

Selon nous, la meilleure appréciation contemporaine, ou presque, d'*Attila* est celle de Fontenelle : « [Corneille] ne pouvait mieux braver son siècle qu'en lui donnant Attila, digne roi des Huns. Il règne dans cette pièce une férocité noble que lui seul pouvait attraper. La scène où Attila délibère s'il se doit allier à l'Empire qui tombe ou à la France qui s'élève est une des belles choses qu'il ait faites. »

Fontenelle a donc su faire preuve d'une parfaite lucidité en soulignant que la pièce de Corneille était trop « grande » pour son public, lequel préfère alors les pièces plus douces et plus tendres, privilégiant l'amour à l'exercice du pouvoir.

Dans *Attila*, au contraire, ce sont les scènes farouches et sanglantes qui prédominent. En ce sens, cette pièce ressemble à celles d'Euripide et de Sophocle. Néanmoins, Corneille s'interdit ici les ornements baroques (exhibitions macabres, récits d'épouvante, etc.). Pour produire l'émotion, notre auteur s'appuie sur la réputation du roi des Huns, brute inhumaine et barbare. L'imagination du public ne cesse donc d'être sollicitée. Mais dans les faits, Attila, le monstre sacré, ne se montre à l'œuvre que dans les jeux matrimoniaux. En outre, Corneille insiste sur sa capacité de raisonnement, laquelle lui permet de perpétrer un nombre incalculable de meurtres sans avoir à se salir les mains. Par conséquent, Corneille s'intéresse à la cruauté « raffinée », « réfléchie » du roi des Huns, laquelle est d'autant plus intolérable qu'elle paraît toute-puissante. Les spectateurs assistent en effet, dans le même temps, à la corruption des grands cœurs et au dérèglement des valeurs politiques et amoureuses.

Au final, la singularité de la démarche de Corneille, reconnaissable notamment à sa façon d'aborder Attila, en privilégiant sa tête à ses poings, explique certainement pourquoi cette pièce de 1667 n'a pas su être appréciée à sa juste valeur.

Mais bien qu'elle souffre de quelques faiblesses, et que l'on peut regretter une fin qui résout toutes les difficultés d'un seul et même coup, son originalité doit être, encore aujourd'hui, vivement applaudie.

LES THÈMES
PRINCIPAUX

Le Fléau de Dieu : quand la raison rime avec démon…

Corneille traite de l'horrible exercice du pouvoir mis en place par Attila en s'intéressant tout particulièrement à son caractère d'homme de tête. Il offre alors au public un visage peu connu du tyran, comme il le souligne d'ailleurs dans son avis *Au Lecteur*. Sa capacité de raisonnement, loin de diminuer l'horreur que peut inspirer le personnage, l'accentue. En effet, tout est calculé chez Attila. Il n'est ni impulsif, ni irréfléchi. Le sang qu'il verse, il le verse sciemment, en empruntant presque toujours la main d'un autre. Dans le cadre strict de la tragédie, Attila, manipulateur et fin stratège, ne commet d'ailleurs aucun crime. Il se contente de manipuler tel ou tel individu afin d'obtenir la mort d'un ennemi, et étendre son pouvoir.

Nous apprenons par exemple qu'Aétius, le chef des romains, a été tué par un homme de Valentinian, après que le roi des Huns ait convaincu ce dernier du danger qu'il représentait. Résultat : le trône de Rome sera plus facilement accessible à Attila, comme il l'affirme lui-même à la scène première de l'acte III.

Alors qu'Octar lui demande le nom de celui qui a mis à mort Aétius, le roi des Huns répond :

« Valentinian même.
Craignant qu'il n'usurpât jusqu'à son Diadème,
Et pressé des soupçons où j'ai su l'engager,
Lui-même, à ses yeux même, il l'a fait égorger.
Rome perd en lui seul plus de quatre batailles,
Je me vois l'accès libre aux pieds de ses murailles,
Et si j'y fais paraître Honorie et ses droits,
Contre un tel Empereur j'aurai toutes les voix ;
Tant l'effroi de mon nom, et la haine publique

Qu'attire sur sa tête une mort si tragique,
Sauront faire aisément, sans en venir aux mains,
De l'époux d'une sœur un maître des Romains. »

De plus, l'on sait par Flavie (II, 1) qu'Attila a exécuté son frère, Vléda, qu'il trouvait trop respectueux des autres rois. Le massacre tyrannique ne trouve donc pas de frontières dans la famille.

Est-il alors possible de contrecarrer les plans de ce barbare ? Les autres personnages de la pièce sont dans l'impasse. D'autant qu'Attila, rusé et prudent, semble toujours avoir une longueur d'avance sur le monde en entier.

Pour s'opposer à lui, il ne reste donc plus qu'à consulter les devins, comme le fait Valamir, en espérant des jours meilleurs.

Ou attendre patiemment que Dieu finisse par fustiger l'orgueil démesuré de celui qui se croit son ministre. C'est ce à quoi Honorie s'accroche en fin de pièce (V, 3) :

« Lorsque par les Tyrans [Dieu] punit les mortels,
Il réserve sa foudre à ces grands criminels
Qu'il donne pour supplice à toute la Nature,
Jusqu'à ce que leur rage ait comblé la mesure.
Peut-être qu'il prépare en ce même moment
A de si noirs forfaits l'éclat du châtiment,
Qu'alors que ta fureur à nous perdre s'apprête
Il tient le bras levé pour te briser la tête,
Et veut qu'un grand exemple oblige de trembler
Quiconque désormais t'osera ressembler. »

Mais, en réalité, c'est le roi des Huns lui-même qui sera à l'origine de son soudain trépas. Sa rage, vice des êtres vils, finit par le « submerger », au point de lui provoquer la plus abondante des hémorragies ; hémorragie dont il ne se relèvera pas.

Valamir, qui a assisté au décès du tyran, a d'ailleurs ces mots (V, 6) :

« Sa rage qui renaît en même temps le tue. »

Enfin, si la mort d'Attila nous est racontée, c'est parce qu'elle correspond à une sorte de somatisation, d'expression physique de la laideur de son âme.

Attila, nous apprend Flavie (II, 1), a commencé à perdre quotidiennement du sang depuis qu'il a assassiné son frère, comme si le crime intrafamilial était encore pire que tous les autres :

« Le sang qu'après avoir mis ce Prince au tombeau
On lui voit chaque jour distiller du cerveau,
Punit son parricide, et chaque jour vient faire
Un tribut étonnant à celui de son frère. »

De plus, le sang d'Attila, qui s'écoule par le nez, s'épaissit en se souillant de mucosités, et suscite par là même une extrême répugnance. Pour s'en convaincre, il suffit de se remémorer le récit de Valamir, qui raconte avec de nombreux détails sordides la mort du roi des Huns (V, 6) :

« Sa gorge enfle, et du sang dont le cours s'épaissit
Le passage se ferme, ou du moins s'étrécit.
[…]
L'impétueuse ardeur de ces transports nouveaux
A son sang prisonnier ouvre tous les canaux,
Son élancement perce ou rompt toutes les veines,
Et ces canaux ouverts sont autant de fontaines,

Par où l'âme et le sang se pressent de sortir,
Pour terminer sa rage et nous en garantir. »

Ainsi, bien qu'Attila conserve une certaine grandeur monstrueuse, Corneille laisse de lui une affreuse impression afin d'empêcher qu'il ne séduise les spectateurs.

Cette impression finale donnée par le roi des Huns le rend bien plus insupportable qu'un long ressassement de ses crimes, et bien plus conforme à sa légende.

Amour et héroïsme, des valeurs en perdition

Ce qui est important de mettre en évidence, c'est le dérèglement des valeurs politiques et amoureuses que Corneille laisse apparaître dans *Attila*. Cette critique implicite rend d'ailleurs la pièce extrêmement intéressante, car singulière et « incorrecte », surtout à l'époque où Corneille l'écrit.

Tout d'abord, remarquons que le seul être qui allie amour véritable et noblesse de cœur est Ardaric. Il est, en effet, sincèrement attaché à Ildione, contrairement à Valamir qui ne veut épouser Honorie que par intérêt, parce qu'il aime à penser, soutenu par les Devins dans son excès d'orgueil, que son fils commandera Rome. Ardaric le lui reproche d'ailleurs à la scène première de l'acte V :

« Seigneur, vos Devins seuls ont causé notre perte,
Par eux à tous nos maux la porte s'est ouverte,
Et l'infidèle appas de leur prédiction
A jeté trop d'amorce à notre ambition.
C'est de là qu'est venu cet amour Politique
Que prend pour attentat un orgueil tyrannique :
Sans le flatteur espoir d'un avenir si doux,
Honorie aurait eu moins de charmes pour vous. »

Quant aux deux héroïnes de la pièce, elles ne semblent pas très éprises de leur prétendant, et c'est un euphémisme. Ce qu'elles ne cessent de mettre en avant, au contraire, c'est leur rang, leur « stature », qu'elles ne sacrifieraient pour rien au monde.

Comme Valamir, l'orgueil est donc ce qui guide leur choix de vie; à ne pas confondre avec la juste fierté, puisque leur attitude est, malgré leurs dires, profondément narcissique.

Honorie, par exemple, rappelle à Valamir (II, 2) :

« Pour peu que vous m'aimiez, Seigneur, vous devez croire
Que rien ne m'est sensible à l'égal de ma gloire.
Régnez comme Attila, je vous préfère à lui ;
Mais point d'époux qui n'ose en dédaigner l'appui,
Point d'époux qui m'abaisse au rang de ses Sujettes,
Enfin, je veux un Roi, regardez si vous l'êtes,
Et quoi que sur mon cœur vous ayez d'ascendant,
Sachez qu'il n'aimera qu'un Prince indépendant. »

Ildione, pour sa part, ne cesse de jouer la carte de l'obéissance et du devoir, au point de volontairement faire passer en second plan ses sentiments pour Ardaric (II, 6) :

« Je vous aime. Ce mot me coûte à prononcer,
Mais puisqu'il vous plaît tant, je veux bien m'y forcer.
Permettez toutefois que je vous dise encore
Que si votre Attila de ce grand choix m'honore,
Je recevrai sa main d'un œil aussi content,
Que si je me donnais ce que mon cœur prétend.
[…]
Mais enfin mon devoir veut une déférence,
Où même il ne soupçonne aucune répugnance.

Je l'épouserai donc, et réserve pour moi
La gloire de répondre à ce que je me dois. »

Puisque les sentiments amoureux ont perdu de leur valeur, les dilemmes auxquels les héros doivent faire face ne sont pas aussi déchirants qu'ils devraient l'être. Ce qui les contrarie surtout, c'est l'idée de mourir, comme Octar l'avoue lui-même à Honorie (V, 5). Perdre leur moitié, abandonner leur dignité, ils sont prêts à l'accepter platement, tant qu'il leur est encore permis de respirer l'air du matin un jour de plus.

Pas un ne fait preuve de courage, d'héroïsme. Ils sont tous lâches et terrifiés. Ils ne veulent être ni victimes ni bourreaux, ce qui les entraîne dans une passivité absolue. C'est pourquoi, dans la pièce, aucun personnage, hormis Attila, ne prend des décisions. Ils ne font que discuter, se renvoyer la balle, et s'en remettre au sort.

Au final, les plus téméraires sont Honorie et Ildione, l'une parce qu'elle ose affronter oralement le roi des Huns, l'autre parce qu'elle décide de tuer Attila une fois qu'elle sera sa femme. Mais là encore ce sont des mots, toujours des mots…

Dernier point essentiel : le cruel Attila est en fait le seul à être envahi par d'authentiques sentiments amoureux pouvant, il le sait bien, causer sa perte. Il s'en défend, prônant la primauté de la gloire, mais son attirance pour Ildione est la plus forte. Il finit même par accepter de l'épouser, malgré les soupçons qui l'assaillent. Les seules grandes tirades qui rendent hommage à la passion amoureuse sont d'ailleurs prononcées par le roi des Huns (III, 1 ; III, 2) :

« O beauté qui te fais adorer en tous lieux,
Cruel poison de l'âme et doux charme des yeux,
Que devient, quand tu veux, l'autorité suprême,

Si tu prends malgré moi l'empire de moi-même,
Et si cette fierté qui fait partout la loi
Ne peut me garantir de la prendre de toi ? »

« Ah ! vous me charmez trop, moi de qui l'âme altière
Cherche à voir sous mes pas trembler la Terre entière,
Moi qui veux pouvoir tout, sitôt que je vous vois
Malgré tout cet orgueil je ne puis rien sur moi,
Je veux, je tâche en vain d'éviter par la fuite
Ce charme dominant qui marche à votre suite,
Mes plus heureux succès ne font qu'enfoncer mieux
L'inévitable trait dont me percent vos yeux.
Un regard imprévu leur fait une victoire,
Leur moindre souvenir l'emporte sur ma gloire.
Il s'empare et du cœur et des soins les plus doux,
Et j'oublie Attila dès que je pense à vous. »

Nous voyons donc ici à quel point Corneille se joue de l'amour et de l'héroïsme, qu'il condamne dans leur forme « molle » et convenue, n'hésitant pas, provocant, à faire d'Attila le représentant de l'amour véritable.

ÉTUDE DU MOUVEMENT LITTÉRAIRE

Au début du XVIIe siècle, un débat autour des règles dans la littérature s'anime en France, s'achevant seulement en 1637 avec la fameuse « querelle du *Cid* ». Finalement, les « réguliers » classiques l'emportent sur les « irréguliers » baroques, et une nouvelle époque de la littérature française commence, marquée par un nouvel attrait pour la tragédie au théâtre. Ainsi, les préconisateurs classiques en appellent à Horace, lequel soutient que le théâtre doit « instruire en plaisant ». En outre, ils fondent leurs interprétations à partir des auteurs de l'Antiquité grecque et romaine, notamment Aristote. L'effet de catharsis décrit par ce dernier, ainsi que les règles de la bienséance et de la vraisemblance, deviennent alors les bases de la littérature classique. Mais que signifie exactement la catharsis d'Aristote aux yeux des préconisateurs classiques ?

Elle est, écrit-il dans sa *Poétique*, le but de la tragédie qui « suscitant pitié et crainte, opère la purgation propre à pareilles émotions ». Il est important de souligner ici qu'ils choisissent de traduire le dernier terme de cette phrase par « passions ». De ce fait, la catharsis aristotélicienne perd au XVIIe siècle sa valeur esthétique et gagne dans le même temps une dimension moralisatrice. Le spectateur de l'époque doit donc se purifier, se soulager des passions considérées comme moralement mauvaises en s'identifiant au héros de la tragédie et en subissant par là même les terribles « passions » de celui-ci.

Les bienséances, quant à elles, consistent à ne pas représenter des actes de violence ou des meurtres sur scène, tout en donnant aux personnages des mœurs convenables liées à leur âge et à leur statut social élevé. Tout ce qui a trait à la vie physique, en particulier la vie sexuelle, et la vie matérielle est donc banni. Objectif : ne pas choquer les goûts, les idées morales ou les préjugés du public.

Enfin, la vraisemblance exige que l'on représente la nature ou l'histoire, non pas comme elles sont réellement, mais comme elles devraient être. Dit autrement, elle soutient qu'il faut épargner au public les faits choquants ou scandaleux, et lui montrer seulement quelque chose qui semble être vrai afin de donner naissance à une vérité atemporelle et vertueuse.

En outre, les trois unités d'action, de lieu et de temps doivent être scrupuleusement respectées. Mais la préférence pour la rationalité s'exprime également dans le langage utilisé. La rhétorique théâtrale doit être dominée par la sobriété et la clarté qui se manifestent dans l'emploi de l'alexandrin, lequel apparaît, aussi étonnant que cela puisse nous sembler aujourd'hui, comme le parfait moyen d'imiter la langue parlée.

Par conséquent, les dramaturges du XVIIe siècle, comme Racine et Corneille, se doivent de produire des tragédies d'un classicisme prononcé, à la fois didactiques et ludiques, s'ils souhaitent plaire aux élites cultivées de leur temps.

Ainsi, bien que l'auteur d'*Attila, roi des Huns* ne suive pas à la lettre les règles classiques dans l'élaboration de ses comédies et tragi-comédies (on gardera à l'esprit la célèbre critique qui lui a été faite lors de la création du *Cid*, laquelle reprochait à Corneille d'avoir fait emporter à Rodrigue, contre toute vraisemblance, deux duels et une bataille en une trentaine d'heures seulement), il se montre plutôt bon élève lorsqu'il s'attaque au genre noble, sans pour autant abandonner l'idée selon laquelle ce qui prime avant tout, quelle que soit la pièce présentée, c'est le plaisir du spectateur. C'est pourquoi Corneille revendique le droit de se conformer à la vérité historique au détriment, parfois, de la vraisemblance ou de la bienséance. Il n'hésite pas non plus à transgresser plus ou moins légèrement les règles des trois unités, ses maîtres mots étant : liberté et confiance dans l'imagination du public. Par exemple, un auteur ne doit pas, selon lui, renoncer à un beau sujet sous prétexte que la durée de l'intrigue dépassera vingt-quatre heures. Il se priverait alors d'« une belle occasion de gloire », et les spectateurs « de beaucoup de satisfaction ». Dans ses *Trois discours sur le poème dramatique*, Corneille émet également une distinction pour le moins éclairante : « Savoir les règles et entendre le secret de les apprivoiser adroitement avec notre théâtre, ce sont deux sciences bien différentes. » Au final, notre dramaturge, bien qu'il connaisse parfaitement les exigences de la littérature classique, ne les applique pas systématiquement, préférant se soumettre à l'impératif absolu de plaire à son public.

DANS LA MÊME COLLECTION
(par ordre alphabétique)

- **Anonyme**, *La Farce de Maître Pathelin*
- **Anouilh**, *Antigone*
- **Aragon**, *Aurélien*
- **Aragon**, *Le Paysan de Paris*
- **Austen**, *Raison et Sentiments*
- **Balzac**, *Illusions perdues*
- **Balzac**, *La Femme de trente ans*
- **Balzac**, *Le Colonel Chabert*
- **Balzac**, *Le Lys dans la vallée*
- **Balzac**, *Le Père Goriot*
- **Barbey d'Aurevilly**, *L'Ensorcelée*
- **Barbey d'Aurevilly**, *Les Diaboliques*
- **Bataille**, *Ma mère*
- **Baudelaire**, *Les Fleurs du Mal*
- **Baudelaire**, *Petits poèmes en prose*
- **Beaumarchais**, *Le Barbier de Séville*
- **Beaumarchais**, *Le Mariage de Figaro*
- **Beauvoir**, *Mémoires d'une jeune fille rangée*
- **Beckett**, *En attendant Godot*
- **Beckett**, *Fin de partie*
- **Brecht**, *La Noce*
- **Brecht**, *La Résistible ascension d'Arturo Ui*
- **Brecht**, *Mère Courage et ses enfants*
- **Breton**, *Nadja*
- **Brontë**, *Jane Eyre*
- **Camus**, *L'Étranger*
- **Carroll**, *Alice au pays des merveilles*
- **Céline**, *Mort à crédit*

- **Céline**, *Voyage au bout de la nuit*
- **Chateaubriand**, *Atala*
- **Chateaubriand**, *René*
- **Chrétien de Troyes**, *Perceval*
- **Cocteau**, *La Machine infernale*
- **Cocteau**, *Les Enfants terribles*
- **Colette**, *Le Blé en herbe*
- **Corneille**, *Le Cid*
- **Corneille**, *Médée*
- **Crébillon fils**, *Les Égarements du cœur et de l'esprit*
- **Defoe**, *Robinson Crusoé*
- **Dickens**, *Oliver Twist*
- **Du Bellay**, *Les Regrets*
- **Dumas**, *Henri III et sa cour*
- **Duras**, *L'Amant*
- **Duras**, *La Pluie d'été*
- **Duras**, *Un barrage contre le Pacifique*
- **Euripide**, *Médée*
- **Flaubert**, *Bouvard et Pécuchet*
- **Flaubert**, *L'Éducation sentimentale*
- **Flaubert**, *Madame Bovary*
- **Flaubert**, *Salammbô*
- **Gary**, *La Vie devant soi*
- **Giraudoux**, *Électre*
- **Giraudoux**, *La Guerre de Troie n'aura pas lieu*
- **Gogol**, *Le Mariage*
- **Homère**, *L'Odyssée*
- **Hugo**, *Hernani*
- **Hugo**, *Les Misérables*
- **Hugo**, *Notre-Dame de Paris*
- **Huxley**, *Le Meilleur des mondes*
- **Jaccottet**, *À la lumière d'hiver*
- **James**, *Une vie à Londres*

- **Jarry**, *Ubu roi*
- **Kafka**, *La Métamorphose*
- **Kerouac**, *Sur la route*
- **Kessel**, *Le Lion*
- **La Fayette**, *La Princesse de Clèves*
- **Le Clézio**, *Mondo et autres histoires*
- **Levi**, *Si c'est un homme*
- **London**, *Croc-Blanc*
- **London**, *L'Appel de la forêt*
- **Maupassant**, *Boule de suif*
- **Maupassant**, *Le Horla*
- **Maupassant**, *Une vie*
- **Molière**, *Amphitryon*
- **Molière**, *Dom Juan*
- **Molière**, *L'Avare*
- **Molière**, *Le Malade imaginaire*
- **Molière**, *Le Tartuffe*
- **Molière**, *Les Fourberies de Scapin*
- **Musset**, *Les Caprices de Marianne*
- **Musset**, *Lorenzaccio*
- **Musset**, *On ne badine pas avec l'amour*
- **Perec**, *La Disparition*
- **Perec**, *Les Choses*
- **Perrault**, *Contes*
- **Prévert**, *Paroles*
- **Prévost**, *Manon Lescaut*
- **Proust**, *À l'ombre des jeunes filles en fleurs*
- **Proust**, *Albertine disparue*
- **Proust**, *Du côté de chez Swann*
- **Proust**, *Le Côté de Guermantes*
- **Proust**, *Le Temps retrouvé*
- **Proust**, *Sodome et Gomorrhe*
- **Proust**, *Un amour de Swann*

- **Queneau**, *Exercices de style*
- **Quignard**, *Tous les matins du monde*
- **Rabelais**, *Gargantua*
- **Rabelais**, *Pantagruel*
- **Racine**, *Andromaque*
- **Racine**, *Bérénice*
- **Racine**, *Britannicus*
- **Racine**, *Phèdre*
- **Renard**, *Poil de carotte*
- **Rimbaud**, *Une saison en enfer*
- **Sagan**, *Bonjour tristesse*
- **Saint-Exupéry**, *Le Petit Prince*
- **Sarraute**, *Enfance*
- **Sarraute**, *Tropismes*
- **Sartre**, *La Nausée*
- **Senghor**, *La Belle histoire de Leuk-le-lièvre*
- **Shakespeare**, *Roméo et Juliette*
- **Steinbeck**, *Les Raisins de la colère*
- **Stendhal**, *La Chartreuse de Parme*
- **Stendhal**, *Le Rouge et le Noir*
- **Verlaine**, *Romances sans paroles*
- **Verne**, *Une ville flottante*
- **Verne**, *Voyage au centre de la Terre*
- **Vian**, *J'irai cracher sur vos tombes*
- **Vian**, *L'Arrache-cœur*
- **Vian**, *L'Écume des jours*
- **Voltaire**, *Candide*
- **Voltaire**, *Micromégas*
- **Zola**, *Au Bonheur des Dames*
- **Zola**, *Germinal*
- **Zola**, *L'Argent*
- **Zola**, *L'Assommoir*
- **Zola**, *La Bête humaine*